Antoinette Delylle

Florence Dellerie

SIMPLISSIME

6-10 ans

LE LIVRE POUR TOUT SAVOIR SUR LES CHEVAUX LE + FACILE DU MONDE

hachette ENFANTS

POUR COMMENCER

Tu connais sûrement le pur-sang arabe ou le poney shetland, mais sais-tu que l'élégant marwari aux oreilles recourbées est **considéré comme un dieu** en Inde ? Ou que le poney français de selle est une race créée dans les années 1970 pour obtenir **un poney de sport idéal** ? Ou encore que le cheval de Przewalski a des zébrures aux membres comme les chevaux préhistoriques ?

Du percheron au lippizan, tous les chevaux sont **des merveilles de la nature**. Ils rivalisent de force et d'élégance. C'est pourquoi il a été difficile de faire un choix parmi les **397 races** répertoriées dans le monde ! Ce livre dévoile une sélection de 20 races extraordinaires (que ceux qui ne sont pas cités nous pardonnent, ils sont tous beaux, les chevaux !).

Ces 20 portraits t'apprendront **une multitude d'informations** sur chaque race : les caractéristiques permettant de les reconnaître, mais aussi **des anecdotes amusantes** sur leur caractère, leurs exploits, les chevaux stars...

Allez, tourne les pages et, crinière au vent, savoure le plaisir de découvrir tant de diversité parmi les chevaux.

SOMMAIRE

COMMENT RECONNAÎTRE UNE RACE

Une race se définit par un ensemble de caractéristiques (la taille, la robe, la morphologie, les aptitudes, le caractère) qui **se transmettent de génération en génération**. À toi de bien savoir les observer pour identifier une race de cheval. Voici les points principaux à connaître…

Les différents types de chevaux

On distingue :
– les chevaux de selle, qui sont montés ;
– les chevaux de trait, qui sont doués pour tracter ;
– et les poneys, qui mesurent moins d'1,48 m au garrot.

Parmi les chevaux de selle, certains sont élevés pour **les courses** (le pur-sang anglais et le trotteur français), d'autres pour **le sport** et **la compétition** (le selle français, par exemple). D'autres, enfin, sont consacrés **au loisir** ou **au travail** (comme le camargue).

Les principales parties du cheval

Tous les chevaux ont des jambes, une crinière, une croupe et une queue, mais toutes ces parties du corps ne sont pas identiques d'une race à l'autre. Il est important de connaître les principales parties du corps d'un cheval pour pouvoir le reconnaître. C'est ce qu'on appelle **« la morphologie »** ; elle s'apprécie **à l'arrêt**.

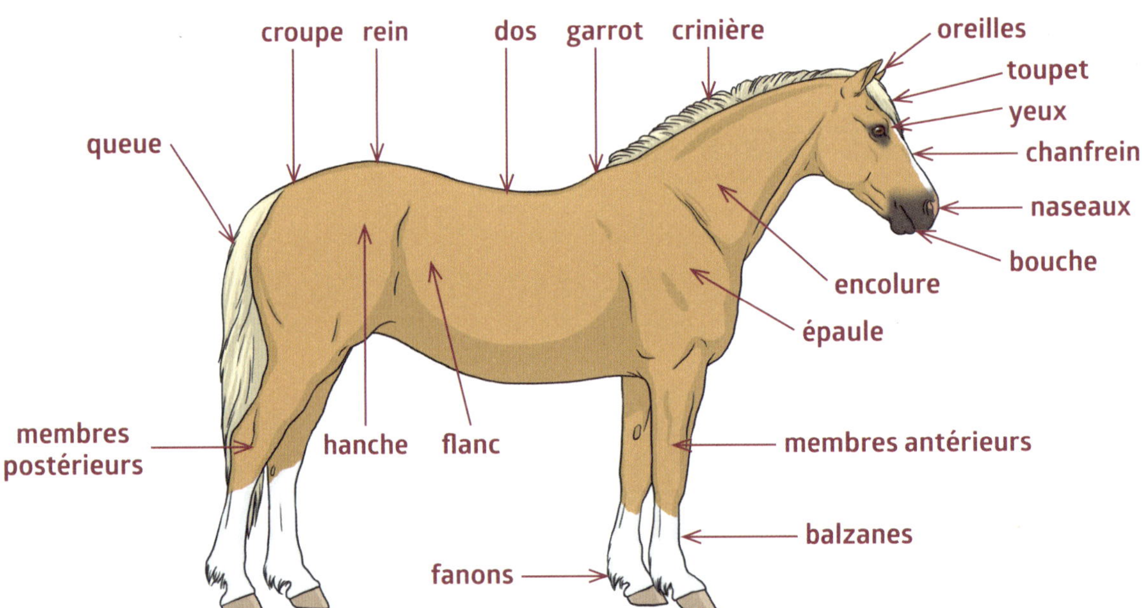

DE CHEVAL ?

Les robes

La robe désigne **la ou les couleur(s)** du cheval. Elle se définit par la couleur des poils, des crins, des yeux et de la peau.
Certaines races n'ont qu'une seule couleur de robe, comme le frison ou le fjord.
Mais la plupart admettent plusieurs robes.
Il existe des robes **simples** et des robes **composées** (qui ont plusieurs couleurs).
Voici les robes les plus courantes :

Alezane : crins et poils fauves, peau claire, yeux foncés.

Baie : poils fauves ou marron, crins noirs, peau noire, yeux foncés.

Noire : poils noirs, crins noirs, peau noire, yeux foncés.

Isabelle : poils jaunâtres, crins noirs, peau noire, yeux foncés.

Crème : poils crème, crinière blonde, peau rose, yeux clairs.

L'AKHAL-TÉKÉ

Carte d'identité :

Portrait
Fin, tête haute, grands yeux en forme d'amande.

Sa taille
Entre 1,55 m et 1,60 m au garrot.

Son berceau
Le Turkménistan.

Ses qualités
Élégant, résistant, endurant.

Le petit +
Long et mince, il est souvent comparé au lévrier.

Seulement 1 % des akhal-tékés ont une robe aux reflets métalliques, dorés ou argentés, mais c'est pourtant ce qui en fait leur renommée.

Élevé dans une région désertique par la tribu des Tékés, il s'adapte aux variations de température et aux privations.

Rapide et solide, il fait des courses de vitesse et d'endurance. Il est réputé pour être infatigable !

C'est le cheval d'un seul cavalier. Si celui-ci sait lui parler, l'akhal-téké lui donnera tout. Mais attention, il ne supporte pas la violence !

Longiligne et rapide, l'akhal-téké
est à l'origine de nombreuses races.
Il a failli disparaître ! Il en restait moins
de 300 au milieu du XXe siècle. Il peut présenter
différentes robes, mais il est célèbre pour ses reflets dorés.

L'APPALOOSA

Carte d'identité :

Portrait
Robe tachetée qui rend chaque cheval unique.

Sa taille
Entre 1,42 m et 1,65 m au garrot.

Son berceau
Les États-Unis.

Ses qualités
Solide, endurant, puissant.

Le petit +
Le nom *appaloosa* vient de la rivière Palouse, au bord de laquelle les Amérindiens gardaient leurs troupeaux.

À partir des montures des Espagnols, la tribu des Nez-Percés a façonné l'appaloosa, un cheval rapide pour la chasse aux bisons.

Sa robe mouchetée avec, parfois, la croupe blanche est très recherchée. Le fond de son œil est blanc, ses sabots striés.

L'appaloosa est encore employé au ranch pour trier les troupeaux. Il est idéal pour l'équitation western.

Il reste calme dans toutes les circonstances. Bon élève, il apprend très vite. C'est un cheval de loisir parfait.

Solide et robuste, avec une arrière-main très développée,
l'appaloosa peut porter six types de robes tachetées,
mais il est parfois uni.
C'est un cheval attentif et serein.

LE BARBE

Carte d'identité :

Portrait
Petit, trapu, tête assez forte, au profil légèrement arrondi.

Sa taille
1,55 m au garrot en moyenne.

Son berceau
La Lybie, l'Algérie, le Maroc, la Tunisie.

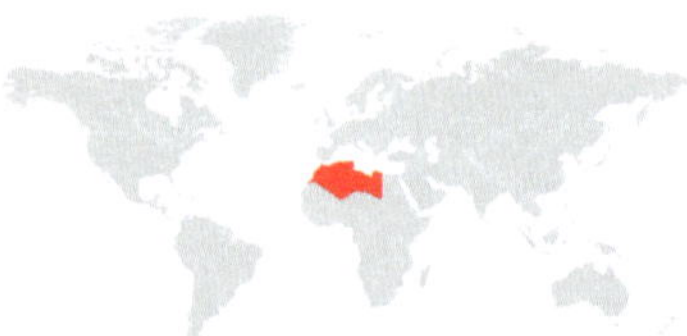

Ses qualités
Solide, résistant, intelligent, énergique, efficace.

Le petit +
C'était le cheval des tribus berbères.

Employé par Jules César pour la guerre des Gaules, par les Arabes pour envahir l'Espagne… c'est un guerrier.

Marié au pur-sang arabe, il donne naissance à l'arabe-barbe, qui cumule les qualités des deux races.

Le futur Louis XIII a appris à monter sur un barbe nommé « Le Bonnite ». On dit que le cheval blanc d'Henri IV était un barbe.

Il peut être alezan, bai, gris, noir… C'est un cheval endurant qui résiste aux privations et aux écarts de température.

Ce cheval de guerre était élevé par les tribus nomades dans tout le Maghreb.
Il fut également adulé par les rois de France.
Rustique et résistant, c'est un parfait compagnon de randonnée.

LE CAMARGUE

Carte d'identité :

Portrait
Crinière abondante. Il naît avec une robe foncée et s'éclaircit avec l'âge.

Sa taille
Entre 1,35 m et 1,50 m au garrot.

Son berceau
La Camargue, dans le sud de la France.

Ses qualités
Docile, agile, solide.

Le petit +
Un camargue nommé Poly a été la vedette d'une série télévisée dans les années 1960.

Il se contente de la végétation pauvre des marais et peut rester de longues heures les pieds dans l'eau.

Il s'adapte facilement, à condition de vivre dehors. Il supporte les vents violents, le froid, la chaleur et les moustiques !

Monté par un guardian (équivalent du cow-boy américain), il surveille les taureaux et les rassemble.

Il est robuste, résistant et doté d'un excellent caractère. C'est un cheval sympa et rustique, un vrai dur !

On l'appelle le « cheval de Camargue »,
mais il n'est pas plus grand qu'un poney.
Il fait partie des races les plus anciennes du monde.
Il est élevé en liberté dans le sud de la France.

LE CONNEMARA

Carte d'identité :

Portrait
Silhouette équilibrée, dos fort, jolie tête.

Sa taille
Entre 1,28 m et 1,48 m au garrot.

Son berceau
L'Irlande.

Ses qualités
Doué pour le sport, gentil, résistant.

Le petit +
Dexter Leam Pondi est un célèbre connemara, champion de CSO (concours de saut d'obstacles).

En Irlande, à l'état sauvage, le connemara saute les murets en pierre qui délimitent les propriétés.

Sur ses terres d'origine, parsemées de lacs, ce robuste poney transporte les algues ou la tourbe.

Grise, noire, baie, isabelle, alezane... il sait porter toutes les robes, sauf la pie.

Courageux et intelligent, il a bon caractère. Il plaît aux enfants comme aux adultes.

Il est le numéro 1 des poneys de sport
et se fait remarquer en saut d'obstacles,
en dressage et en concours complet.
C'est le poney idéal pour toute la famille.

LE FJORD

Carte d'identité :

Portrait
Robe isabelle (poils dorés et crins noirs), coupe en brosse.

Sa taille
Entre 1,35 m et 1,50 m au garrot.

Son berceau
La Norvège.

Ses qualités
Fort, puissant mais doux.

Le petit +
Fjord se prononce « fiord », mot norvégien qui désigne une vallée envahie par la mer.

Il possède une raie de mulet : une grande ligne sombre traversant le dos, du toupet au bout de la queue.

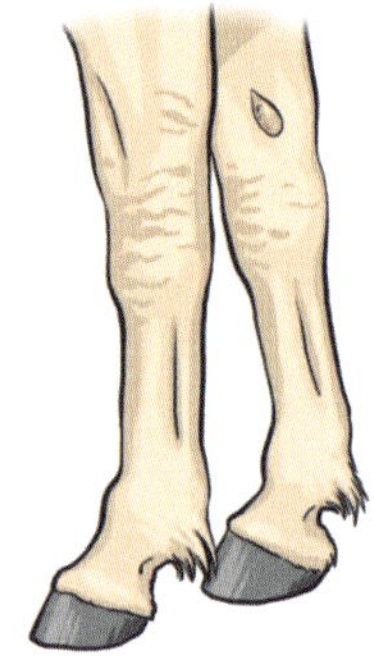

La plupart du temps, il porte des zébrures sur les membres, et ses sabots sont généralement noirs.

Le fjord est gentil, calme et patient. Il a bon caractère, mais il est parfois têtu, car il a besoin de comprendre ce qu'on attend de lui.

Protégé par son poil, il résiste aux climats rudes et ne craint pas de marcher dans la neige ! Il se contente de peu de nourriture.

C'est l'une des races les plus anciennes du monde.
Ce poney rustique n'a quasiment pas changé
depuis la Préhistoire !
Venu de Norvège, il est aujourd'hui le compagnon
de toute la famille.

LE FRISON

Carte d'identité :

Portrait
Robe noire, longue crinière, fanons abondants.

Sa taille
Entre 1,35 m et 1,50 m au garrot.

Son berceau
La Frise, au nord des Pays-Bas.

Ses qualités
Docile, intelligent, expressif et gentil.

Le petit +
Au Moyen Âge, il était la monture de la noblesse et pouvait porter un chevalier et son armure.

Le frison est une race quasiment pure. Les éleveurs évitent tout croisement avec d'autres races.

Au trot, il lève haut les genoux. En dressage, il fait de beaux allongements au trot.

Le premier cheval de Bartabas était un frison. Il s'appelait Zingaro. Il a donné son nom au théâtre équestre.

Très apprécié aux Pays-Bas, il a été choisi pour tracter l'attelage de la famille royale de ce pays.

Beau, noir, élégant, le frison est un artiste doué
pour le spectacle et adulé par les photographes.
Il est élevé en race pure
avec des épreuves de sélection sévères.

LE LIPIZZAN

Carte d'identité :

Portrait
Robe grise (parfois baie), qui blanchit avec le temps.

Sa taille
Entre 1,55 m et 1,58 m au garrot.

Son berceau
Lipizza, en Slovénie.

Ses qualités
Énergique, élégant, robuste, doué pour la haute école.

Le petit +
Il vit souvent longtemps et peut dépasser les 30 ans.

Il a été créé il y a plus de 4 siècles, pour l'École espagnole de Vienne, académie équestre la plus ancienne du monde.

Il est connu dans le monde entier, mais c'est un cheval rare. Maintenu en race pure, il n'est pas croisé avec d'autres.

Le lipizzan est intelligent, volontaire, généreux et d'un caractère affirmé. Il est proche de l'homme.

Pendant la Seconde Guerre mondiale, les lipizzans ont été évacués en Europe centrale et sauvés *in extremis* des bombardements.

Ce cheval de haute école,
star de l'École espagnole de Vienne,
est particulièrement doué pour le dressage,
le spectacle et l'attelage.

LE MARWARI

Carte d'identité :

Portrait
Oreilles recourbées, peau fine, crins soyeux, jambes minces.

Sa taille
Entre 1,42 m et 1,52 m au garrot.

Son berceau
Le Rajasthan, en Inde.

Ses qualités
Courageux, endurant, rapide, élégant.

Le petit +
Dans la culture indienne, le cheval est un dieu. Des chansons et des miniatures (peintures) vantent son courage.

Décoré de pompons colorés, de clochettes et de colliers, il danse dans les mariages et les fêtes de famille.

Il est encore utilisé pour travailler aux champs, transporter des marchandises, emmener les enfants à l'école…

On raconte que, une nuit, un pur-sang arabe tomba amoureux d'une jument. Leurs poulains naquirent avec les oreilles en croissant de lune.

Il a été la monture des Rajputs, qui défendirent le Rajasthan, au nord-ouest de l'Inde, face aux envahisseurs mongols du XVIe siècle.

Fin et expressif, il est adoré des Indiens,
qui l'associent à la famille et à la fête.
Considéré comme une race menacée,
il ne peut pas quitter l'Inde.

LE PERCHERON

Carte d'identité :

Portrait
Poitrine large, cuisses musclées, robe grise ou noire.

Sa taille
1,68 m en moyenne au garrot.

Son berceau
Le Perche, en France.

Ses qualités
Puissant, généreux, fort et courageux.

Le petit +
Le percheron est très célèbre au Japon, où il participe à des courses en tirant des charges (jusqu'à 1 tonne).

Il n'a rien d'un gros père tranquille ! Énergique, il a été croisé avec des chevaux arabes et espagnols.

Le percheron a une très jolie tête, fine avec un front large, des oreilles très mobiles, des naseaux bien ouverts et un œil vif.

Le trait percheron est le plus lourd. Plus rapide, le diligencier percheron transportait autrefois le courrier.

Le percheron a été utilisé aux États-Unis pour tirer les chariots des colons lors de la conquête de l'Ouest.

Il est le plus connu des chevaux de trait dans le monde.
Capable de tirer de lourdes charges,
il est encore utilisé pour le débardage
(transport de troncs d'arbres).

LE PONEY FRANÇAIS DE SELLE

Carte d'identité :

Portrait
Équilibré, avec une tête expressive, une belle encolure et un dos solide.

Sa taille
Entre 1,25 m et 1,48 m au garrot.

Son berceau
La France.

Ses qualités
Sportif, intelligent, courageux, il a un bon coup de saut.

Le petit +
Il est souvent appelé par ses initiales : PFS.

La race a été créée dans les années 1970 en mariant des ponettes d'origine française à des étalons poneys.

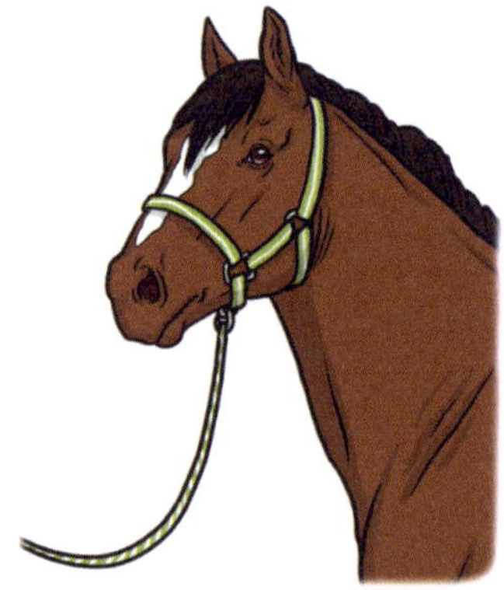

Il n'est pas réservé au haut niveau, c'est aussi un bon poney de club. Il peut pratiquer toutes les disciplines.

Il marie les qualités du cheval et du poney. Chic et compétitif comme un cheval, gentil et facile à vivre comme un poney.

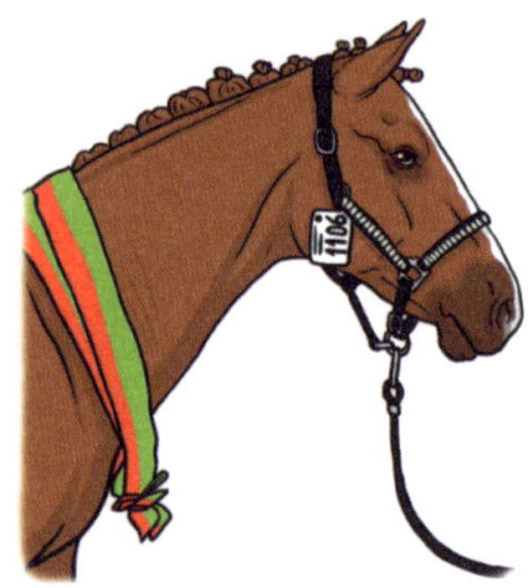

Chaque année, en août, un concours vient départager les meilleurs poneys de sport à Lamotte-Beuvron, lors du Sologn Pony.

Il a les caractéristiques physiques
d'un petit cheval.
Avec lui, les éleveurs ont voulu créer
un poney de sport parfait, doué pour le saut.

LE CHEVAL DE PRZEWALSKI

Carte d'identité :

Portrait
Crinière hérissée,
robe isabelle
(poils dorés, crins noirs),
raie sur le dos.

Sa taille
1,30 m en moyenne
au garrot.

Son berceau
La Dzoungarie,
en Asie centrale.

Ses qualités
Sauvage, autonome,
rapide.

Le petit +
Il ressemble aux
chevaux préhistoriques
représentés dans
la grotte de Lascaux,
en Dordogne.

Il porte le nom de l'officier russe Nicolaï Mikhaïlovitch Przewalski (1839-1888), qui le découvrit et l'observa dans le nord de la Chine.

Très sauvage, il fascinait l'homme, qui en tua beaucoup et en ramena quelques-uns dans des zoos. Dans les années 1970, il avait quasiment disparu.

L'association Takh élève des chevaux en liberté en Lozère, puis les réintroduit en Mongolie. Il y a 2 000 chevaux de Przewalski dans le monde.

Son nom est trompeur ! Ce n'est pas une race, mais une espèce très proche du cheval. Elle dispose de 66 chromosomes, quand le cheval en a 64.

Avec sa crinière en brosse et ses zébrures aux membres,
le cheval de Przewalski (ou Prjevalski) est facile à reconnaître.
Rare, il est réintroduit en Mongolie
où il vit en troupeau et à l'état sauvage.

LE PURE RACE ESPAGNOLE

Carte d'identité :

Portrait
Compact, puissant, des jarrets forts, beaucoup de crins. Toutes les robes sont admises.

Sa taille
Entre 1,55 m et 1,60 m au garrot.

Son berceau
L'Andalousie, en Espagne.

Ses qualités
Fier, courageux, agile, doux, souple.

Le petit +
Il a beaucoup été utilisé comme cheval de travail dans le *campo* (le champ) et le tri des taureaux.

Au XVIe et au XVIIe siècles, il était la monture des aristocrates. De François 1er à Louis XIV, tous les souverains en montaient.

Lors des conquêtes napoléoniennes, les moines chartreux espagnols qui les élevaient cachèrent leurs chevaux pour les sauver.

Il est doué pour le passage, trot majestueux qui donne l'impression que le cheval ne touche pas le sol.

Très proche du pure race espagnole, le lisutanien est d'origine portugaise. On le différencie de son « cousin » espagnol à sa tête un peu arrondie.

À l'origine de la célèbre École royale andalouse d'art équestre de Jerez, ce cheval aux allures spectaculaires est doué pour la haute école (danse), le spectacle, la cascade. C'était le cheval des rois.

LE PUR-SANG ANGLAIS

Carte d'identité :

Portrait
Petite tête, silhouette longiligne, peau très fine.

Sa taille
Entre 1,50 m et 1,73 m au garrot.

Son berceau
L'Angleterre.

Ses qualités
Léger avec des allures élastiques, vif, rapide, courageux.

Le petit +
L'élevage du pur-sang anglais a commencé au début du XVIIIe siècle, avec la mode des courses.

Le pur-sang anglais participe à des courses de galop. Il peut également faire des courses d'obstacles et franchir des haies.

L'un des pères de la race est un étalon barbe offert à Louis XV, puis vendu à un charretier avant d'être acheté par un Anglais.

Des pur-sang anglais sont mis en scène dans *L'Étalon noir*, une série de romans pour enfants adaptée à la télévision dans les années 1990.

À 18 mois, il est confié à un entraîneur. À 2 ans, il commence à courir. Sa carrière sportive se poursuit jusqu'à 6 ou 7 ans.

Ce cheval vif et nerveux donne tout à son cavalier.
Il brille sur les champs de course du monde entier.
Il est aussi le père de nombreuses races.

LE PUR-SANG ARABE

Carte d'identité :

Portrait
Grands yeux, petites oreilles, naseaux très ouverts, queue attachée haut.

Sa taille
Entre 1,48 m et 1,56 m au garrot.

Son berceau
Le Moyen-Orient et la péninsule Arabique.

Le pur-sang arabe aida l'islam à se répandre. Le prophète Mahomet comprit sa supériorité sur le chameau et en fit un cheval de guerre.

Compagnon des Bédouins, il vivait autrefois sous la tente de son maître et partageait sa nourriture quand il n'y avait ni orge ni herbe.

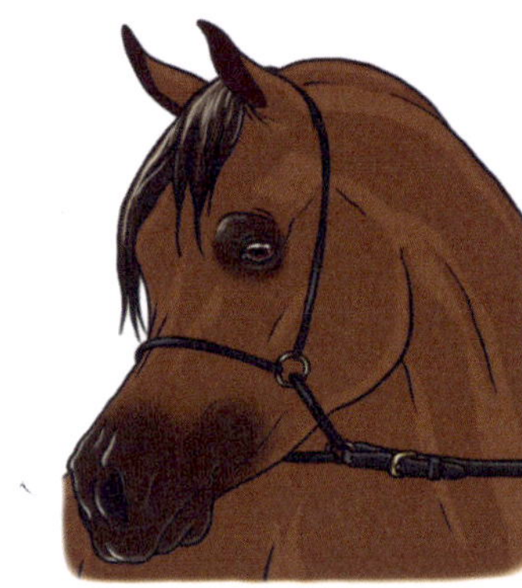

Ses qualités
Endurant, robuste, élégant, frugal (se nourrit de peu).

Le petit +
Il se mélange à d'autres races pour leur transmettre ses qualités.

Le pur-sang arabe est le descendant du groupe des cinq juments du prophète, connu sous le nom « al Khamsa ».

Certains participent à des concours d'élevage où sont notés leur physique et leurs allures. Ils ont les yeux maquillés.

Certains disent que c'est le plus beau des chevaux.
À chacun d'en juger...
En tout cas, il appartient à la plus ancienne
race pure du monde. Parmi les plus endurants,
il est aussi très rapide.

LE QUARTER HORSE

Carte d'identité :

Portrait
Compact, très musclé, yeux vifs, membres courts.

Sa taille
Entre 1,50 m et 1,60 m au garrot.

Son berceau
Les États-Unis.

Ses qualités
Agile, volontaire, facile, réactif.

Le petit +
Le nom de la race vient des courses sur 400 m (quart de mile) organisées par les planteurs de coton et de tabac au sud des États-Unis.

Le quarter horse descend des chevaux des conquistadores espagnols venus conquérir l'Amérique au début du XVIIe siècle.

Cheval du cow-boy américain, il sait très bien se placer et manipuler un troupeau de vaches. Il permet aussi de surveiller des territoires immenses.

Véritable athlète, c'est le cheval de concours de l'équitation western. Il est capable d'effectuer des arrêts glissés sur les postérieurs !

Il reste calme en toutes circonstances. Très confortable, il permet à un cow-boy de rester 10 à 12 heures par jour en selle.

C'est le cheval le plus représenté au monde,
avec 4 millions d'individus.
Champion d'équitation western,
il réalise des figures impressionnantes.
Bien dans sa tête, il est agréable à monter et très confortable.

LE SELLE FRANÇAIS

Carte d'identité :

Portrait
Très musclé, généralement robe baie (marron avec les crins noirs), alezane ou grise.

Sa taille
Entre 1,65 m et 1,70 m au garrot.

Son berceau
La Normandie.

Ses qualités
Équilibré, fort et sportif.

Le petit +
Il est élevé dans toutes les régions de France, ainsi qu'à l'étranger.

C'est d'abord un sportif élevé et entraîné pour sauter. Il est aussi un excellent cheval de club, de promenade et de dressage.

Futé, il apprend vite. Il est curieux, courageux, réactif, intelligent et s'adapte bien à toutes sortes de situations.

Il se marie avec des juments allemandes, belges ou hollandaises pour former les meilleurs athlètes.

Il peut être grand ou petit, massif ou fin. Chaque selle français a son style. Pas un qui ne se ressemble !

Puissant et énergique, il est renommé pour
ses performances sportives.
Il collectionne les médailles en concours de sauts d'obstacles
et en concours complet (cross).
C'est aussi un excellent cheval de loisir.

LE SHETLAND

Carte d'identité :

Portrait
Crinière touffue, toupet qui lui couvre les yeux, membres solides.

Sa taille
Entre 95 cm et 107 cm au garrot.

Son berceau
Les îles Shetland, au large de l'Écosse.

Ses qualités
Résistant, intelligent, énergique, rustique.

Le petit +
Solide, il a réussi à survivre sur des îles balayées par les vents et à la végétation très pauvre.

Costaud, un shetland pèse environ 200 kg et peut tracter le double de son poids ! Il est très apprécié en attelage.

Au XIXe siècle, les shetlands étaient descendus dans les mines pour tirer les wagonnets de charbon.

Il existe des shetlands miniatures (moins de 95 cm). Et ce ne sont pas des peluches ! Ils ne sont pas montés, mais peuvent être attelés.

Maniable, robuste et bien dans sa tête, il met en selle les jeunes cavaliers et leur offre des souvenirs inoubliables.

Pourvu de crins denses qui le protègent des intempéries,
le shetland est résistant.
Bien éduqué, il est particulièrement gentil avec les enfants.
Intelligent, joueur et énergique,
c'est un adorable compagnon.

LE SHIRE

Carte d'identité :

Portrait
Très grande taille, marques blanches sur la tête et les membres.

Sa taille
1,75 m en moyenne au garrot et jusqu'à 2 m !

Son berceau
L'Angleterre.

Ses qualités
Courageux, patient, docile.

Le petit +
C'est le plus grand cheval du monde. À ne pas confondre avec un autre géant, le Clydesdale, qui vient d'Écosse.

Il est reconnaissable à ses longs poils sur les jambes (fanons) et ses balzanes blanches. De vraies chaussettes !

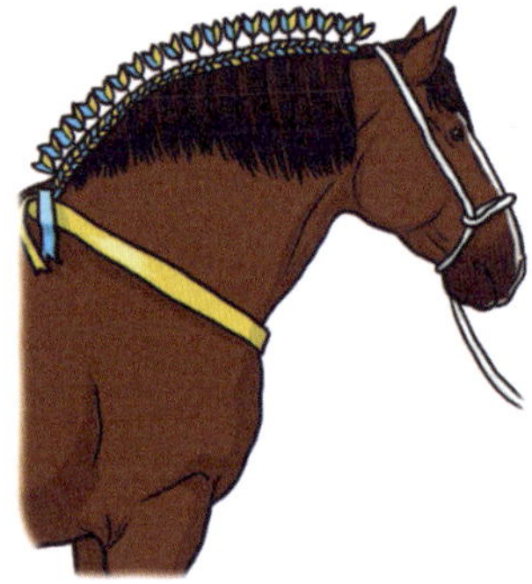

Aujourd'hui, il continue de livrer la bière des brasseries anglaises et participe à des manifestations élégantes.

Au Moyen Âge, c'était un cheval de guerre apprécié, car il était capable de porter les chevaliers et leurs énormes armures.

Le plus grand cheval du monde répertorié par le livre *Guiness des records* est un shire. Il s'appelait Sampson, mesurait 2,19 m pour 1520 kg.

Le shire est un grand cheval de trait anglais
à la robe noire, baie ou grise.
Élégant, c'est un cheval de parade et de prestige.
Il incarne la force tranquille.

LE TROTTEUR FRANÇAIS

Carte d'identité :

Portrait
Des épaules musclées, un dos court, des oreilles longues et écartées.

Sa taille
Entre 1,60 m et 1,70 m au garrot.

Son berceau
La Normandie, en France.

Ses qualités
Solide, rapide, généreux, volontaire, combatif.

Le petit +
Il existe trois autres races de trotteur dans le monde : le standarbred américain, l'orlov russe et le scandinave.

En course, le trotteur français peut être monté ou attelé (à un sulky, petite voiture légère à deux roues).

C'est un excellent cheval de club et de loisir. Courageux et solide, il a le pied sûr et l'envie de bien faire.

Son épreuve reine est le Grand Prix d'Amérique, qui se déroule le dernier dimanche de janvier sur l'hippodrome de Vincennes, en région parisienne.

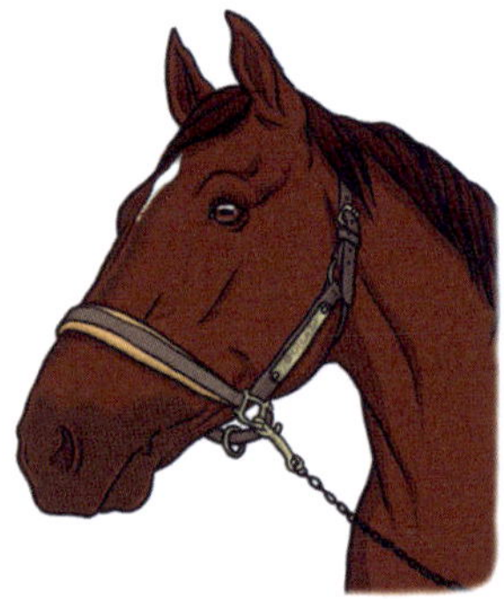

Le célèbre trotteur Ourasi a gagné de nombreuses courses. Surnommé « le roi fainéant », il dormait juste avant d'entrer en piste.

Ce cheval au large front est une vraie flèche.
Son moteur se situe dans sa puissante arrière-main.
Il trotte si vite qu'il semble voler.
En course, il atteint le record de 60 km/h !

SIMPLISSIME

LES LIVRES

LES PLUS FACILES

DU MONDE

POUR PRATIQUER

TOUTES LES ACTIVITÉS

SIMPLISSIME
5-10 ans
LE LIVRE
DE YOGA
LE + FACILE
DU MONDE
hachette
ENFANTS

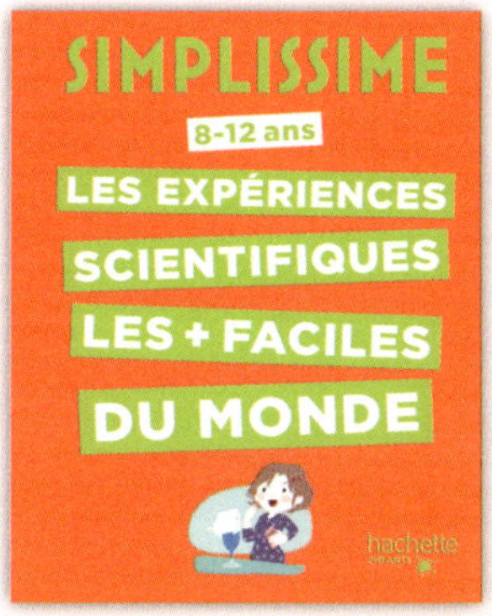
SIMPLISSIME
8-12 ans
LES EXPÉRIENCES
SCIENTIFIQUES
LES + FACILES
DU MONDE
hachette
ENFANTS

SIMPLISSIME
8-12 ans
LE LIVRE
DE MAGIE
LE + FACILE
DU MONDE
hachette
ENFANTS

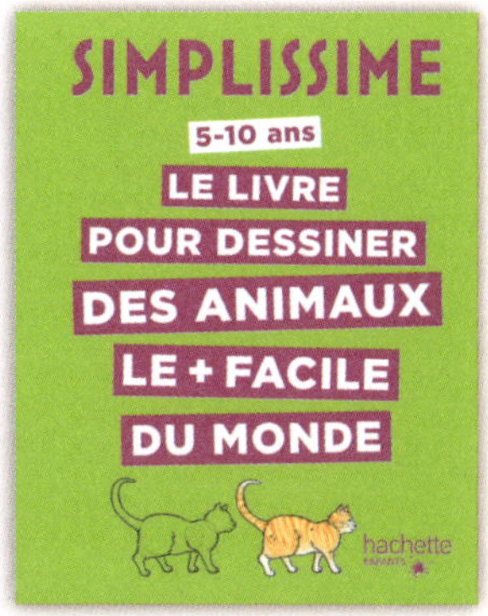
SIMPLISSIME
5-10 ans
LE LIVRE
POUR DESSINER
DES ANIMAUX
LE + FACILE
DU MONDE
hachette
ENFANTS

SIMPLISSIME
3-6 ans
LE LIVRE DE
PETITE GYM
LE + FACILE
DU MONDE
hachette
ENFANTS

SIMPLISSIME
LES MAQUILLAGES
POUR ENFANTS
LES + FACILES
DU MONDE
hachette
ENFANTS

SIMPLISSIME
8-12 ans
LES BRACELETS
LES + FACILES
DU MONDE
hachette
ENFANTS

SIMPLISSIME
4-8 ans
LE LIVRE
DE RELAXATION
LE + FACILE
DU MONDE
hachette
ENFANTS

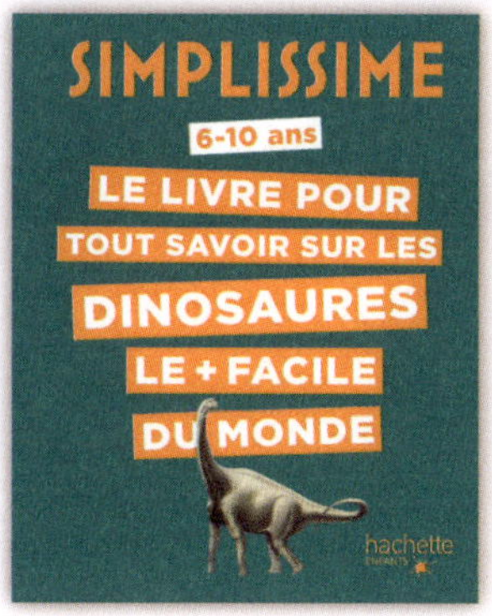
SIMPLISSIME
6-10 ans
LE LIVRE POUR
TOUT SAVOIR SUR LES
DINOSAURES
LE + FACILE
DU MONDE
hachette
ENFANTS

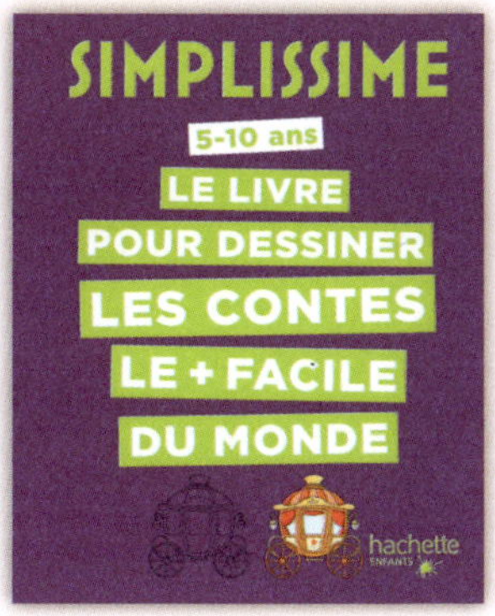
SIMPLISSIME
5-10 ans
LE LIVRE
POUR DESSINER
LES CONTES
LE + FACILE
DU MONDE
hachette
ENFANTS

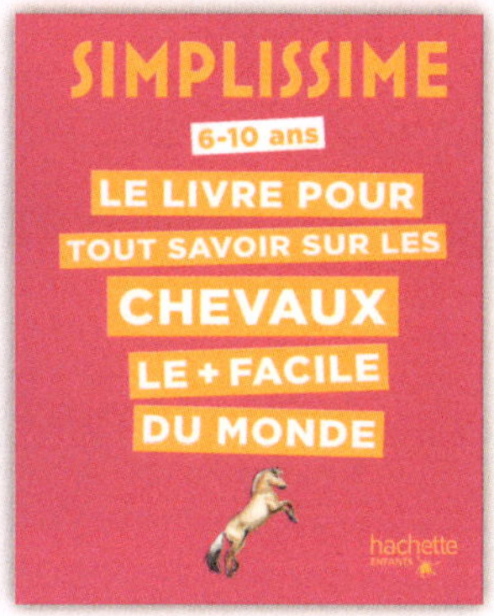
SIMPLISSIME
6-10 ans
LE LIVRE POUR
TOUT SAVOIR SUR LES
CHEVAUX
LE + FACILE
DU MONDE
hachette
ENFANTS

58, rue Jean Bleuzen – CS 70007 – 92178 Vanves CEDEX

Directeur de collection : Jean-François Mallet

Direction : Sarah Kœgler-Jacquet
Directrice éditoriale : Brigitte Leblanc
Responsable éditoriale : Sylvie Michel
Assistante d'édition : Aurélie Gianfermi
Adaptation des textes : Emmanuelle Radiguer
Suivi artistique : Solène Lavand
Conception graphique : Marie-Paule Jaulme
Mise en pages : Eddy Pierrel
Correction : Agnès Scicluna
Fabrication : Anne-Laure Soyez

Dépôt légal : juin 2018. Édition 01.
ISBN : 978-2-01-702355-5
Imprimé en Espagne par Estella Graficas.
Achevé d'imprimer en juin 2018.
Loi n° 49-956 du 16 juillet 1949 sur les publications destinées à la jeunesse.